Émile Saisset

Du passé et de l'avenir du socialisme

Essai

ISBN : 978-1977834669

10 9 8 7 6 5 4 3 2 1

Émile Saisset

Du passé
et de l'avenir
du socialisme

Essai

Table de Matières

Introduction

Je ne viens pas combattre le socialisme ; tout a été dit contre lui. On l'a vu triomphant il y a quelques mois ; le voilà devenu l'objet de la raillerie et de la malédiction universelles. Vaincu sur le terrain de la discussion scientifique, terrassé dans l'arène ensanglantée des partis, il a également armé contre sa domination d'un jour la raison cultivée des esprits d'élite et l'aveugle, mais infaillible instinct de la conscience populaire.

Le but que je me propose n'a rien d'agressif. S'il est une chose qui semble claire pour tous les yeux, c'est que le socialisme vient d'épuiser une de ses phases et qu'il entre aujourd'hui dans une période nouvelle. Le moment n'est donc peut-être pas mal choisi pour se recueillir au sein d'une méditation impartiale, pour rattacher à ses causes et suivre à travers son cours cette première et orageuse évolution, mais toujours vivante, pour aboutir enfin à quelques conclusions précises sur son passé à quelques avertissements utiles à quelques conjectures probables sur son avenir.

Section I

Le socialisme s'est d'abord présenté dans le monde comme une réforme avant tout économique, et il garde encore aujourd'hui les traces de cette origine. Vivement frappés des excès et des dérèglements de l'activité industrielle et commerciale, émus de la détresse qui en résulte pour les classes laborieuses, quelques esprits hardis cherchèrent la cause de tant de maux, et ils la crurent saisir dans la liberté absolue du travail et dans l'isolement des travailleurs, double base de la condition économique faite à notre nouvelle société par la révolution française. *Laissez faire, laissez passer*, voilà pour Fourier et pour Saint-Simon la principale source de l'anarchie matérielle de la société ; organisation du travail, association, voilà le remède à toutes ses souffrances.

Le socialisme ne s'en tint pas là. Elargissant par degrés son horizon, généralisant sa critique, embrassant enfin tout l'ensemble des institutions civiles et politiques, morales et religieuses de la société moderne, il la déclara radicalement anarchique et mauvaise, et proclama le dessein d'en accomplir l'entière réorganisation.

Ne demandons pas en ce moment au socialisme quelles sont ses découvertes positives, ses moyens précis de rénovation matérielle ou morale ; bornons-nous à le considérer tour à tour comme critique de ce qui est, comme aspiration vague à ce qui doit être, et cherchons à ce double titre où est sa raison d'influence et de vie.

Si tout citoyen et tout philosophe doivent s'incliner avec une reconnaissance profonde devant les bienfaits et les grandeurs de la révolution française, il est impossible de méconnaître qu'elle a fait à la société des blessures terribles, dont la guérison ne sera pas l'œuvre d'un jour. Sa mission a été d'abattre tous les despotismes. Royauté, noblesse, clergé, ordres religieux, corporations industrielles, maîtrises et jurandes, tout ce qui limitait dans un certain cercle l'action individuelle, tout ce qui pouvait étouffer où gêner son essor, elle a tout brisé. Grâces lui en soient rendues ! Mais, en donnant au monde moderne la liberté sous toutes ses formes, liberté du travail, liberté de la pensée, liberté de conscience, liberté civile, lui a-t-elle fourni toutes les conditions essentielles d'un développement normal ? Certainement non ; car, à liberté est le premier besoin d'une société digne de l'homme, il lui faut des règles et des tempéraments sans lesquels elle se perd et se dévore bientôt elle-même. La vieille société n'était pas libre, mais elle était organisée ; la société nouvelle a conquis la liberté à travers les ruines révolutionnaires, elle n'y a pas trouvé l'organisation.

Quel devait donc être, après la crise, le premier fruit de la révolution victorieuse ? C'était l'anarchie ; et d'où venait-elle ? Du morcellement infini de la société, de l'isolement et de la désunion de tous les éléments qui la composaient. C'est ce qu'aperçut avec l'œil du génie l'urne extraordinaire que la Providence avait choisi pour clore la première période de la révolution, la période de nivellement. « Je ne vois plus dans la nation, disait-il, que des grains de sable. Il faut jeter dans le sol des blocs de granit sur lesquels nous élèverons notre nouveau système. » Ces blocs de granit, ces digues puissantes contre le morcellement social et les envahissements de l'anarchie, ce furent le concordat, le code civil, l'université, le conseil d'état, toutes les grandes créations du gouvernement consulaire, filles d'une même pensée d'affermissement et de réorganisation. Plus tard, avec l'empire, vinrent les nécessités de la guerre, les entraînements de la victoire, le goût des conquêtes, et ces plans de domination universelle où s'épuisa un génie que trop de gloire avait enivré, conceptions gigantesques et fragiles qui faillirent entraîner dans leur chute, avec le soldat couronné de la révolution, la révolution elle-même.

L'avènement de la restauration fut, en dépit des secrets instincts et des résistances déclarées du parti dominant, le signal d'un immense développement de liberté. Muettes depuis dix ans, la tribune et la presse reprirent une voix, et, stimulant l'esprit public, donnant le branle à la discussion, aux controverses politiques, philosophiques, religieuses, littéraires, elles imprimèrent un élan inouï à la lutte des systèmes, à la lutte des systèmes, à l'échange et à la circulation des idées ; mais ce fut surtout dans la carrière de l'activité commerciale et manufacturière que l'esprit nouveau se déploya avec une énergie merveilleuse. Secondée par la paix générale, débarrassée des entraves sous lesquelles le joug de fer de la politique impériale l'avait comprimée, l'industrie française apprit enfin à se servir de ces moteurs nouveaux, de ces machines admirables, de tant de puissants leviers que la science mettait sous sa main ; et, rivale heureuse de ses aînées, l'Angleterre et l'Amérique, elle osa désormais leur disputer le marché du monde.

On vit alors ce que la liberté est capable de faire pour la fécondité de la production, pour l'accroissement des capitaux, pour le développement du crédit public et privé, pour la facilité des transactions, en un mot, pour la prospérité matérielle des peuples ; mais alors aussi commencèrent à paraître et à se développer avec une rapidité effrayante ces germes d'anarchie et de misère que la liberté sans règle porte avec soi, et qui déjà, en Angleterre comme aux États-Unis, avaient frappé l'attention des observateurs et exercé la sagesse des hommes d'état.

Je ne viens point me faire ici l'écho des déclamations déjà surannées dont le bruit monotone a fatigué l'oreille des honnêtes gens ; je m'abstiendrai de ces grands mots qui ont troublé tant de cerveaux faibles, fasciné tant d'esprits naïfs, armé tant de passions coupables de ces formules sacramentelles, la tyrannie du capital, la féodalité industrielle, l'exploitation des travailleurs. Je ne déclame pas ; je n'ai point d'ailleurs le droit ni la prétention de parler en mon propre nom ; j'interroge les économistes, je fais appel à des esprits dont la mesure égale la pénétration, à M. de Sismondi, M. de Tocqueville, M. Rossi, M. Michel Chevalier [1] ; je m'adresse aux observateurs les plus sincère et les plus autorisés, M. Villermé, M. Eugène Buret, M. Léon Faucher, M. Blanqui, M. Gustave de Beaumont [2], et je leur demande si un expérience d'un demi-siècle n'a point prouvé qu'en France, en Angleterre, en Irlande, en Amérique, à côté de tous les signes d'une prospérité brillante, il existe des maux profonds, des maux effroyables ; je demande en second lieu si la liberté du travail, j'entends cette liberté absolue qui isole les travailleurs et ne connaît ni frein, ni contrepoids, n'est pas une des causes principales de tant de douloureux désordres.

Je ne serai certainement contredit de personne en posant en fait que, dans l'état actuel de l'industrie, aucune entreprise importante ne peut être essayée avec quelque avantage que sous deux conditions : une grande accumulation de captal, une grande accumulation de bras. Sans de gros capitaux, point de machines ; sans machines, production lente, coûteuse et chétive ; nul moyen de lutter contre la concurrence et de concilier avec le bon marché des produits la réalisation de grands bénéfices. Sans de fortes masses d'ouvriers, la division du travail est impossible, et le ressort le plus actif de l'industrie est brisé. Reconnaît-on ces faits pour incontestables, voici deux conséquences auxquelles il est difficile d'échapper. Et d'abord, si les petits capitaux sont stériles, si la puissance et la fécondité n'appartiennent qu'aux grands capitaux, une séparation tend inévitablement à s'établir entre deux parties de la société : d'un côté, les capitalistes, oisifs ou occupés, charitables ou égoïstes, formant une classe dont l'entrée devient chaque jour plus étroite et où la richesse se concentre et se fixe ; de l'autre, les ouvriers, laborieux ou fainéants, honnêtes ou pervers, économes ou imprévoyants, mais dans les deux cas incapables d'atteindre jamais aux avantages et à la dignité du capital.

Voilà donc l'ouvrier immobilisé dans sa condition ; le voilà livré aux hasards de la concurrence, aux alternatives de triomphe et de ruine des grands capitaux qui luttent contre le fléau du chômage que les épargnes amassées par sa prévoyance et, s'il a manqué d'économie ou de bonheur, sans défense contre l'oisiveté et la faim.

Mais il est un mal, plus profond encore que la misère physique, auquel l'ouvrier est exposé par la division du travail et la concentration des bras dans les centres manufacturiers. La division du travail en effet tend à réduire l'ouvrier à la fonction la plus simple, la plus déterminée, la plus monotone, celle, par exemple, qui consiste à faire éternellement la vingtième partie d'une épingle ; elle le subordonne et l'assimile de plus en plus à ces machines dont il n'a guère qu'à seconder l'aveugle mouvement. Et pendant que son intelligence oisive s'obscurcit et s'éteint, tout conspire à corrompre ses mœurs ; au milieu de ces vastes agglomérations d'hommes, entassés comme des grains de sable, mais sans ciment pour les unir, vous chercheriez en vain la place du foyer domestique, cet asile des sentiments honnêtes et des saines habitudes. Le mari est entraîné loin de sa femme par la spécialité abrutissante de son travail ; l'enfant, machine déjà utile au sortir du berceau, est séparé de la mère. Le concubinage et la prostitution se substituent aux liens sacrés de la famille, et les pures jouissances que l'ouvrier n'est plus capable de goûter cèdent la place aux distractions bruyantes et aux plaisirs raffinés.

Je ne fais que signaler des tendances déplorables. A Dieu ne plaise que j'agrandisse et que j'envenime les plaies de notre société ! Je n'ignore pas que les machines, en rejetant sur des agents aveugles et insensibles le travail pénible et rebutant, pour réserver à l'ouvrier une tache plus noble, ont servi tout ensemble à soulager ses bras et à exercer son intelligence ; je sais que, si la concurrence entraîne des chômages à la suite des crises du commerce et des catastrophes de l'industrie, si elle tend à l'abaissement des salaires, elle produit dans les objets de consommation un bon marché qui profite à l'ouvrier comme à tout le monde ; je sais que le séjour des grandes villes peut initier l'ouvrier à des connaissances et à des jouissances qui élargissent son prit ; qui élèvent son âme et son cœur : mais, en faisant toutes les réserves nécessaires, en s'abstenant de toute exagération et de toute déclamation, il n'en reste pas moins indubitable que la constitution économique de notre société engendre nécessairement deux tendances, quelles conduiraient, si on les laissait agir sans contre-poids, à ces deux épouvantables conséquences : division de la société en deux armées ennemies, abrutissement intellectuel et moral des classes ouvrières.

Le mal que j'indique fût-il le seul qui travaille où menace

notre société, la liberté mal réglée et l'isolement des individus n'eussent-ils pas d'autres conséquences, cela suffirait pour donner un sens aux accusations du socialisme, et pour ouvrir l'oreille des hommes prévoyants à ses plaintes, quels qu'en soient d'ailleurs l'amertume et l'excès à moins qu'on ne soutienne avec les optimistes de l'école anglaise que ces prétendus maux ne sont que les inévitables conséquences d'un régime de tous points excellent, ou que, les attribuant, comme Malthus, à l'accroissement exagéré de la population, on ne se résigne, à défaut des fameux moyens *préventifs* dont l'usage est si délicat et la recommandation si scabreuse, à ces moyens *répressifs* que la Providence, dit-on, déchaîne à des jours marqués pour contenir la population et la misère dans des limites convenables.

Mais on ne persuadera pas aisément au genre humain que la peste, la famine et la mort soient son seul asile contre la misère. S'il est vrai que le mal ne puisse jamais être exilé du monde, il est vrai aussi que chaque jour il y perd du terrain. Si l'idéal d'une condition parfaitement bonne et parfaitement heureuse est inaccessible ici-bas, c'est l'irrésistible besoin de l'homme d'y tendre sans cesse, c'est son bonheur de s'en approcher avec le progrès des âges. Regardez d'un œil calme sous les chimères et les folies du socialisme, et, malgré d'étranges abaissements, vous reconnaîtrez en lui une des formes de cette aspiration immortelle du genre humain vers une condition parfaite. Voyez aussi comme les apôtres de la doctrine, après avoir dépeint la société actuelle sous les couleurs les plus sombres et quelquefois les plus fausses s'enivrent contempler l'image enchanteresse de la société future. Plus de classes ennemies se regardant d'un œil de colère, plus de barrières entre le travail persévérant et le capital. A cette agitation fiévreuse et désordonnée qui met aux prises les intérêts, neutralise les forces, et dans ses alternatives de langueur et d'énergie livre la société à des crises formidables où les forts chancellent quelquefois, où les faibles succombent toujours, vous voyez succéder un mouvement égal, aisé, harmonieux, au sein duquel toutes les forces s'associent, tous les intérêts sont solidaires, toutes les classes réconciliées montent ensemble vers un niveau de bien-être que le progrès de la science élève de jour en jour. A mesure que la hideuse misère recule, que les inégalités injustes s'effacent, que les barrières artificielles tombent, la paix se rétablit dans les cœurs, les passions brutales désarment. La servitude du besoin détruite allège le poids de la chair, et les âmes, affranchies du joug de la matière, se cultivent, se purifient et deviennent de plus en plus dignes de Dieu.

N'appuyons pas trop sur les traits de cet idéal ; n'essayons pas d'en arrêter plus exactement les contours. Il ne s'agit pas en ce moment d'exposer ou de discuter tel ou tel système socialiste, mais d'embrasser le socialisme d'une vue générale, pour assigner la commune raison d'être d'écoles diverses qu'il a enfantées. A ce point de vue et dans ces limites, si nous demandons aux apôtres de la doctrine quelles sont les grandes forces qu'ils appellent à leur secours pour transformer la société, ils nous en indiqueront deux, d'une voix à peu près unanime, l'association libre et volontaire des particuliers, et l'intervention de l'état. Ces deux forces sont-elles réelles où chimériques, impuissantes ou efficaces ? Voilà maintenant la question.

Le principe de l'association a si bien fait son chemin dans le monde ces vingt dernières années, qu'il n'a plus besoin d'être défendu. Cherchez aujourd'hui parmi les esprits les moins accessibles aux nouveautés et aux chimères, parmi les économistes les plus fidèles aux vieilles traditions de la science ; vous n'en trouverez pas un qui ne s'incline devant le principe de l'association et n'en reconnaisse les bienfaits.

Or, qui a proclamé le premier ce grand principe ? qui en a aperçu et signalé avec une sagacité supérieure la portée immense et la fécondité ? C'est Fourier. Direz-vous que l'école de Fourier et celle de Saint-Simon, en forçant le principe de l'association, l'ont corrompu et compromis ? J'en tombe d'accord ; mais c'est bien d'elles qu'il est sorti. Avant Fourier, l'économie politique, encore à ses premiers pas dans le monde, avait pris pour drapeau la liberté absolue. Cela était naturel : elle avait en face d'elle le régime des corporations, où l'initiative individuelle étouffait ; elle a donc revendiqué le droit de l'individu, et par ses savants travaux, par ses éloquentes réclamations, elle a concouru à le faire triompher. C'est un service inappréciable et qui mérite à Adam Smith, à Turgot et à leurs disciples une éternelle reconnaissance. Mais la liberté, une fois affranchie et déchaînée dans la carrière, a laissé paraître es excès et son insuffisance, et il a bien fallu chercher des remèdes nouveaux à des maux encore inconnus. Or, de l'aveu unanime des économistes, parmi les contre-poids nécessaires de la liberté, le plus efficace et le plus sûr, c'est l'association. Grace à elle, les petits capitaux, condamnés à la stérilité par l'isolement, acquièrent une puissance jusqu'à présent inouïe. Les vastes entreprises manufacturières et commerciales deviennent compatibles avec la division des fortunes, et la grande culture avec le morcellement indéfini du sol. Par l'association, les forces individuelles, au lieu de s'user par mille petits frottements, centuplent leur énergie par un harmonieux concours. L'association établit entre divers travailleurs, entre l'apprenti et le contre-maître, entre les ouvrier et le patron, entre les chefs d'une même industrie ou d'industries différentes, une intime et féconde solidarité c'est elle enfin qui est destinée a résoudre pacifiquement dans la mesure du possible, l'épineux problème de notre temps : la réconciliation du capital et du travail, l'abolition définitive des classes, l'union intime de tous les membres du corps social.

Ce n'est donc pas un médiocre honneur à Fourier d'avoir initié notre siècle au principe de l'association. Pour atténuer ce mérite, on dira peut-être que l'association n'est autre chose qu'un développement du principe proclamé et conquis par nos pères, une simple application de la liberté. Cela est vrai ; mais il est vrai aussi qu'avant Fourier, ce lien intime entre la liberté et l'association, clair aujourd'hui comme le soleil, n'avait pas été aperçu. J'en citerai une preuve décisive : c'est le décret de la constituante qui, en proclamant la liberté du travail, proscrit sans retour l'association [3]. Si donc il est reconnu aujourd'hui de tous les bons esprits que l'association est tout ensemble le contre-poids le plus désirable et le développement le plus légitime de la liberté, sachons reconnaître que cette vérité capitale est sortie d'une école socialiste ; l'oublier serait ingrat, le taire systématiquement serait puéril.

L'intervention de l'état n'a pas trouvé d'abord les économistes moins rebelles que le principe de l'association, et cette hostilité s'explique tout aussi simplement par les conjonctures où l'économie politique a pris naissance. Elle avait à lutter contre le despotisme, qui, sous prétexte de se charger à lui tout seul de la protection de l'individu, l'absorbe et l'opprime. De là une défiance bien naturelle à l'égard de l'état, et une disposition prononcée à élargir indéfiniment la sphère de l'activité individuelle. Le dernier terme de cette tendance, c'est de réduire le rôle de l'état à la police de la société. Adam Smith incline visiblement à cette extrémité, et il serait aisé de signaler dans les économistes français, J.-B. Say et Destutt Tracy par exemple, les traces manifestes d'une disposition tout aussi exclusive.

Rien là dont on doive être surpris ; mais quel économiste ou quel philosophe serait reçu aujourd'hui à enfermer l'état dans le cercle d'une fonction aussi humble et aussi vulgaire ? Qui conteste désormais que le gouvernement ait une initiative à prendre, une influence modératrice à exercer dans toutes les grandes affaires matérielles et morales de la société ? Le moment n'est guère favorable, je le sais, pour célébrer les bienfaits de l'intervention de l'état et le socialisme, ici encore, en forçant une idée juste, a trouvé moyen de la compromettre. Nous avons vu l'état intervenir, on peut le dire, à tort et à travers, s'interposer de la façon la plus violente et la plus fatale à tous les degrés de l'échelle de la production, limiter les heures du travail, supprimer d'utiles intermédiaires entre le chef d'industrie et les ouvriers, livrer à la force la fixation des salaires, tout bouleverser sous prétexte de tout régler, souffler le désordre et la haine en faisant retentir le grand mot de fraternité, et pousser enfin à une lutte sanglante ces deux classes de la société qu'on s'était vanté de réconcilier et d'unir.

Faut-il maintenant se précipiter à l'extrémité opposée, et, par défiance du despotisme de l'état, rejeter son intervention tutélaire ? A ce compte, il faudrait dire que l'état a excédé son droit, le jour où il s'est décidé à protéger l'enfant contre la précocité meurtrière du travail des manufactures ! Exiger de certaines industries des précautions nécessaires pour la santé de l'ouvrier, ce serait une usurpation. Mais alors l'état aurait encore moins à s'inquiéter de l'état moral des classes populaires ; il n'aurait ni le devoir, ni même le droit de prémunir l'ouvrier et le laboureur, par une instruction suffisante et par une culture morale appropriée, contre l'abrutissement d'un travail mécanique ; il n'aurait rien à faire pour fournir à l'adulte les moyens de perfectionner son intelligence, rien pour donner asile à l'enfance abandonnée, à la vieillesse défaillante, à l'infirmité et à la faim, rien pour parer aux suites des crises industrielles, rien pour favoriser l'esprit d'association, pour ouvrir des sources de crédit, pour encourager l'épargne, rien, en un mot, pour seconder dans la société le développement du bien et prévenir l'accomplissement du mal !

Voilà où conduirait, poussé à ses dernières limites, le principe d'Adam Smith. Si les économistes et les philosophes sont unanimes aujourd'hui à le répudier ; s'il est bien reconnu que l'état n'a pas une mission toute négative, qu'il ne lui suffit pas de pratiquer la justice, mais qu'il doit exercer encore un ministère de prévoyance et de charité ; si désormais l'objet essentiel des méditations et des efforts de tout véritable homme d'état, c'est l'amélioration physique, intellectuelle et morale de la classe la plus nombreuse et la plus pauvre, il ne faut pas oublier que les écoles socialistes ont le mérite, je ne dis pas d'avoir inventé ce principe, mais de l'avoir propagé avec ardeur, et alors même qu'on penserait qu'elles ont beaucoup fait pour le compromettre et très peu pour le réaliser, ce ne serait pas moins une chose honorable que de s'être enflammé pour cette grande idée au point d'en vouloir tirer une religion.

Le socialisme n'est pas né d'hier. En signalant les deux principes qu'il exagère et corrompt par un mélange déplorable de brutalités et de folies, nous croyons avoir donné la clé de ses antiques origines et de sa vivace influence. Oui, l'association fraternelle des particuliers et Intervention tutélaire de l'état sont les deux liens par où le socialisme du XIXe siècle se rattache à des tendances vieilles comme le monde, et qui ont déjà paru sous mille formes, toujours renaissantes, parce qu'elles ont leur racine dans l'éternelle ascension du genre humain vers le bien et vers le bonheur. Certes, s'il y a dans l'histoire deux grandes choses dignes à jamais de l'admiration et du respect des hommes, c'est la philosophie de Platon et la religion du Christ. Eh bien ! dût cette assertion paraître hasardée et même scandaleuse, je dirai qu'il y a dans le spiritualisme platonicien, comme aussi dans le mysticisme évangélique, un germe de socialisme qui devait tôt ou tard se développer. Qu'on veuille bien ne pas m'accuser légèrement de prendre plaisir à donner au socialisme d'illustres origines. Je ne viens pas faire à Platon, ce bienfaisant et pur génie, l'outrage de rapprocher son nom divin de tel ou tel socialiste de nos jours. Je ne viens pas travestir Jésus-Christ en précurseur de la république démocratique et sociale. Loin de moi ces profanations stupidement odieuses qui ne peuvent inspirer à une tête saine que le plus profond dégoût : je veux dire une chose très simple et très certaine, c'est qu'il y a dans cette noble philosophie de Platon, dans cette sublime religion du Christ, tel principe qui, privé de ses justes contre-poids et tombant dans un esprit que la logique pousse jusqu'à l'absurde, ou que l'enthousiasme égare jusqu'au délire, aboutira nécessairement aux derniers excès du socialisme.

Qu'est-ce au fond que la république de Platon, berceau de toutes les utopies, depuis les Alexandrins jusqu'à Morus et Campanella, et depuis ces innocents rêveurs jusqu'aux dangereux sectaires de notre temps ? C'est l'exagération d'un principe vrai, savoir, la subordination de l'individu à l'état. Et qu'est-ce maintenant que cette église de Jérusalem, type primitif de la vie chrétienne ? qu'est-ce que l'existence monacale tout entière, imposant l'abandon absolu de toute propriété individuelle, et allant quelquefois jusqu'à la négation systématique de la propriété ? C'est un développement exalté de la fraternité évangélique, élevant le vrai chrétien à une telle ardeur de sacrifice, qu'il renonce a toute fortune personnelle, à sa famille, à son corps, à sa volonté, à Soi- même, s'il était possible, pour s'immoler plus complètement au service de tous [4].

Platon a supérieurement vu que l'origine de tous les maux de la société, c'est l'excès de l'individualité, d'où il a conclu que l'individualité supprimée ferait la perfection de l'état. Voilà donc la guerre déclarée au moi ; il faut supprimer d'abord la propriété, qui en est le développement le plus naturel et le plus cher il faut aussi supprimer la famille, sorte d'extension et de prolongement de la personne. Il n'y aura plus qu'un seul propriétaire, ce sera l'état ; qu'une seule famille, ce sera encore l'état. Platon voudrait que tous les citoyens du même âge pussent se croire frères ; bien plus, qu'ils perdissent l'usage propre de leurs organes, « de sorte, dit-il, que les choses mêmes que la nature a données en propre à chaque homme deviennent en quelque sorte communes à tous, autant qu'il se pourra, comme les yeux, les oreilles, les mains et que tous les citoyens s'imaginent qu'ils voient, qu'ils entendent, qu'ils agissent en commun [5]. » En écrivant ces lignes ingénieusement chimériques, il savait bien, le grand philosophe, qu'il ne traçait qu'un idéal ; il se souvenait, l'élève du sage Socrate, que la nature humaine n'est point capable de tels renoncements, et cependant, il faut le dire, Platon s'est enchanté de cet idéal ; et combien ont bu à la même coupe, qui n'ont pas su, comme lui, se préserver de l'enivrement !

On ne trouve rien dans l'Évangile, j'en conviens de grand cœur, qui ressemble le moins du monde à ce communisme systématique où se joua et s'égara Platon ; mais je demanderai si des esprits ardents ne pouvaient pas et ne devaient pas abuser de cette parole du Christ : « Quiconque d'entre vous ne renonce pas à tout ce qu'il a ne peut être mon disciple [6]. »

La première église chrétienne, l'église de Jérusalem, s'est fondée sur ce principe, comme le témoigne expressément ce passage des Actes des Apôtres. : « Et tous ceux qui croyaient étaient ensemble dans un même lieu et avaient toutes choses communes ; ils vendaient leurs possessions et leurs biens et les distribuaient à tous suivant le besoin que chacun en avait, et ils étaient tous les jours assidus au temple d'un commun accord, et, rompant le pain de maison en maison, ils prenaient leurs repas avec joie et simplicité de cœur [7]. » Peinture naïve et admirable d'une véritable société de frères, que la première ferveur d'une religion naissante pouvait seule former et maintenir ! C'est pourtant de ce premier germe, corrompu, il est vrai, par l'esprit de chimère et par l'esprit de violence, que sont sorties les sectes communistes des premiers temps de l'Église comme aussi celles du XVIe siècle : gnostiques, anabaptistes, et leurs innombrables variétés.

Signalons ici chez ces différents sectaires un trait commun que l'on retrouve à toutes les époques de l'histoire du socialisme, et qui, profondément empreint dans les sectes contemporaines, achèvera de nous expliquer leur apparition récente et leurs prodigieux succès.

Une société parfaite où régnerait la fraternité la plus pure, voilà le brillant fantôme qu'on étale à nos regards ; c'est le prestige par où l'on séduit et l'on attire les imaginations ardentes, les cœurs généreux. Or, qu'arrive-t-il au socialisme ? Un malheur, hélas ! qui est arrivé aux mystiques, et auquel n'échapperont jamais ceux qui méconnaissent dans leur orgueil ou dans l'ardeur démesurée de leurs désirs les conditions et les limites du réel. Pour avoir voulu s'élever au-dessus de la nature humaine, le socialisme tombe au-dessous, et, suivant la forte expression de Pascal, en voulant faire de nous des anges, il nous abaisse au niveau des bêtes.

Aucune secte socialiste n'a pu se soustraire à cette loi. On rêve une société parfaite, et, pour la construire, on commence par supprimer la famille, qui en est le fondement naturel, et la propriété, qui en est le ciment. On fait appel aux sentiments les plus purs du cœur humain, et bientôt, par une communauté des biens plus ou moins déguisée, qui appelle à sa suite la communauté des femmes, on excite les passions les plus basses, on enflamme toutes les espérances brutales, tous les appétits déréglés. On proclame dans l'état modèle une harmonie, une subordination, une unité parfaites, et, en attendant, on arme l'individu contre le gouvernement au nom de droits imaginaires et de convoitises trop réelles. En un mot, parti d'un idéal d'organisation accomplie, on arrive à réduire la société à une véritable poussière d'hommes, à je ne sais quelle juxtaposition d'individualités isolées, avides, hostiles, sans lien avec le passé ni avec l'avenir, sans traditions et sans espérances véritables brutes qui ne diffèrent des autres qu'en ce qu'elles ont des caprices infinis et des appétits insatiables.

Ce caractère commun de tous les socialistes est si visible de nos jours, il est si particulièrement imprimé dans les publications de l'écrivain effréné, de l'esprit violent qui passe pour le plus dangereux de nos sectaires, et qui en est à coup sûr le plus clairvoyant, que beaucoup d'excellents esprits ont vu l'essence et le fond du socialisme dans ce qui n'en est que le dernier abaissement. C'est le sentiment avoué d'un homme d'état, qui, dans un livre récent, a signalé avec sa haute sagacité, cette fois bien tardive, la force réelle du socialisme. L'auteur de *la Démocratie en France* considère la question en homme politique, et le socialisme est pour lui tout entier dans son plus habile interprète, le seul qui possède à un haut degré l'esprit pratique et le sens révolutionnaire. Ace point de vue, il est vrai que le grand levier du socialisme contemporain, c'est l'appétit de la jouissance matérielle, appétit égoïste et athée qui veut s'assouvir à tout prix, sans retard et sans mesure. C'est là un côté réel, mais ce n'est qu'un côté du socialisme ; pour être plus complet et plus juste, il faut être, moins sévère ; il faut reconnaître que le socialisme de nos jours, comme celui du passé, n'exprime pas seulement la tendance naturelle de l'homme vers le bien-être

Émile Saisset

matériel, tendance légitime, d'ailleurs, en une certaine mesure, et qui est aujourd'hui plus forte et plus irrésistible que jamais. Non ; la portée du socialisme du XIXe siècle est plus haute. Il est né d'un sentiment vif et profond du morcellement actuel de la société ; il s'appuie sur deux grandes idées qu'on doit recueillir et respecter sous les absurdes chimères qui les voilent et les folies brutales qui les déshonorent, je veux dire l'esprit d'association fraternelle chez les particuliers, et la charité dans l'état.

Section II

Si j'ai réussi à indiquer les causes réelles, sérieuses, profondes, qui ont fait naître et vivre le socialisme, on ne s'étonnera plus qu'il ait pris dans ces dernières années de si formidables accroissements. Plus d'un esprit éclairé, qui ne veut voir que le côté violent et brutal de ces utopies, croit en expliquer assez l'apparition par ce bouillonnement universel qui accompagne toute grande révolution, religieuse ou politique. C'est prendre l'effet pour la cause. La preuve très simple que le socialisme n'est pas sorti de la révolution de février, c'est qu'il l'a faite. Voulez-vous un signe évident que les causes politiques qui ont concouru à la chute de la monarchie n'ont été que secondaires, et que, tout en paraissant avec grand bruit à la surface, elles cachaient au fond des causes plus réelles ? c'est que, le lendemain de la révolution de février, le socialisme était au pouvoir. A côté de lui se sont rencontrées, je le sais, et le pays s'en souvient, d'autres influences qui ont lutté noblement pour le maintien de l'ordre social ; mais enfin, quiconque a observé de près les événements, au lendemain de février, sait assez que le socialisme était le maître des affaires. Cet ouvrier qui envahissait brusquement la salle des délibérations du gouvernement provisoire, et qui, le fusil à la main, les habits déchirés et noircis, le visage enflammé, venait demander d'un accent impérieux la création d'un ministère du travail, cet ouvrier, c'était la révolution elle-même prenant un corps et une voix.

Que la crise de février doive son origine et son caractère à une agitation sociale plutôt qu'à un mouvement politique, cela ne fait guère question ; mais c'en est une de savoir si la sagesse des hommes politiques était capable de prévenir l'explosion. Je suis fermement convaincu qu'elle le pouvait.

Il ne saurait être du goût d'aucun homme d'un peu de sens, et qui respecte, de déclamer aujourd'hui contre la monarchie tombée. Les incrédules savent à leurs dépens la différence qu'il faut faire entre ce qu'un gouvernement promet et ce qu'il tient, et qu'on n'a pas guéri les maux d'une société pour posséder à son service un ample trésor de mots pompeux, en y ajoutant même, si l'on veut, un grand fonds de bonne volonté. Pourtant une chose qu'il est bien permis de dire aujourd'hui, avec modération, à la bourgeoisie française et à la monarchie, surtout quand on ne s'en cachait pas la veille de leur chute c'est que toutes deux ont commis de grandes fautes. Allons droit à la principale, à celle qui résume toutes les autres.

La monarchie de juillet n'a pas assez fait pour les classes pauvres. Je parle sans exagération, mais aussi sans détour. Je ne dis pas que la monarchie déchue n'ait rien fait pour le peuple, ni même qu'elle n'ait point fait beaucoup pour lui. Ne lui eût-elle légué qu'un seul don, ou pour mieux dire payé qu'une seule dette, la loi sur l'instruction primaire, cela suffirait pour laisser d'elle une bienfaisante et impérissable trace dans l'histoire du développement intellectuel et moral des classes laborieuses. Pourquoi cette impulsion généreuse s'est-elle arrêtée si promptement ? Il faut l'avouer, la bourgeoisie s'est enivrée de ses succès. Elle a oublié qu'elle était la tutrice des classes inférieures ; que si les lumières, la propriété, les droits politiques, si tout cela était légitimement dans sa main, c'était à condition d'élargir sans cesse ses cadres, d'avoir les bras ouverts avec sympathie pour ces masses populaires qu'elle était désormais chargée de contenir et de satisfaire à la fois. La dignité, la grandeur de cette mission, ne furent point comprises. A tous les degrés de l'échelle sociale, on vit se déployer une tendance chaque jour plus énergique à transformer la bourgeoisie en une classe fermée, absorbant tous les droits, gouvernant seule et pour elle-même, n'ayant à compter avec personne. Peu à peu, le cercle allait se rétrécissant et laissait hors de son enceinte quelques intérêts froissés qui venaient grossir le torrent des mécontentements populaires. Or, pendant que s'accomplissait ce mouvement dans les hautes parties de la société, en bas il s'en formait un autre en sens contraire, qui aboutissait au même résultat, savoir la séparation de la société en deux camps ennemis. Ce fut alors que ces mots sinistres, sans cesse répétés à l'oreille du peuple, l'aristocratie financière, la tyrannie du capital, l'exploitation de l'homme par l'homme, prirent une influence désastreuse. Les tribuns se déchaînèrent, l'un avec sa rhétorique enflammée, l'autre avec les hardiesses sans frein d'une dialectique haineuse, celui-ci par un gros livre, celui-là par des romans d'une saveur forte et d'une popularité déplorable. On disait aux ouvriers qu'ils ne sortiraient jamais de leur condition, qu'il y avait un parti pris de les clouer à la misère, de faire exploiter le travail honnête par le capital oisif et dépravé. En même temps on les berçait des plus belles espérances ; on déployait à leurs regards fascinés sous les noms d'organisation du travail, de travail attrayant, une sorte d'Éden dont l'idéale splendeur faisait paraître la réalité plus laide encore et plus insupportable. On conspirait ainsi par tous les moyens à provoquer une rupture violente entre deux classes qui ne peuvent vivre sans un concours mutuel. Que faisait cependant le gouvernement ? Il tendait le ressort de plus en plus et concentrait l'action politique dans une sphère chaque jour rétrécie. Résolu à opposer à toute pensée de réforme une résistance systématique, il allait jusqu'à refuser à la petite bourgeoisie ces humbles droits dont l'usage paraissait si parfaitement innocent aux meilleurs esprits.

Le jour vint où la monarchie de juillet, sollicitant vainement la sympathie toujours équivoque des chefs ombrageux du cierge, tendant une main dédaignée à une aristocratie hautaine et méfiante, séparée du peuple, mal soutenue d'une partie mécontente de la bourgeoisie, se trouva sans point d'appui. Le premier vent d'orage suffit à la renverser.

La révolution de février a été la défaite de la bourgeoisie, sévèrement punie de son égoïsme et de son aveuglement, commençant par abandonner le peuple et finissant par s'abandonner elle-même. La bourgeoisie renversée, qui restait debout ? Les ouvriers et à leur tête le socialisme. Ce fut à lui que l'on s'adressa pour refaire un gouvernement et pour répandre sur toutes les misères d'une société malade la rosée rafraîchissante de ses réformes.

Ç'a été un spectacle vraiment curieux, au lendemain de février, que la naïve confiance des classes ouvrières dans le pouvoir qui était leur ouvrage. Elles semblaient pures alors de toute envie, de toute pensée de spoliation ; elles étaient fières et nobles dans leur misère volontairement acceptée ; elles avaient la foi et une sorte d'innocence. Malgré leur simplicité et leur ivresse, les plus intelligents sentaient qu'une société à refaire n'était pas l'œuvre d'un jour, et, ne voulant pas agir comme des créanciers défiants et cruels avec le gouvernement de leur choix, ils lui donnaient trois mois pour s'exécuter. Nous avons, disaient-ils dans leur candeur, nous avons trois mois de misère au service de la république : parole admirable, mais accusation accablante contre les hommes qui depuis plusieurs années bâtissaient sur des promesses irréalisables l'édifice orgueilleux de leur popularité.

Le moment était enfin venu pour eux de déployer toutes leurs ressources ; la presse, la tribune, leur demandaient des idées ; le peuple attendait des institutions. Comment le socialisme a-t-il traversé cette double épreuve, et d'abord l'épreuve des faits ?

Si, laissant de côté les vues purement théoriques, on cherche une solution précise à cette question : Qu'a fait le socialisme au pouvoir ? On verra qu'il faut répondre : il a fait les ateliers nationaux. J'entends l'hôte exilé du Luxembourg qui se récrie : Je n'avoue, dit-il, que l'atelier social ; je désavoue formellement les ateliers nationaux. Ceux-ci ont été faits sans moi et contre moi. L'atelier social, sauf l'essai incomplet de Clichy et celui de l'allée des Veuves, est resté à l'état de théorie, théorie bienfaisante et féconde, mais que les circonstances n'ont pas permis de réaliser. Que pouvais-je au Luxembourg, sans budget sans armée, sans aucune autre force que ma parole ? Je réponds : On ne demande pas à un homme d'état ce qu'il a eu l'intention de faire, mais ce qu'il a fait. Le socialisme était-il, oui ou non, le maître de la situation ? La preuve qu'il l'était, c'est qu'il s'installait au Luxembourg, malgré le vœu secret du gouvernement provisoire. Il n'y avait point d'armée régulière, dites-vous ; c'était justement votre force. Au lieu de pratiquer la réforme en grand, il ne fallait pas user le temps à concilier quelques petits conflits, à faire la besogne d'un juge de paix, ou, s'il faut employer ici une image plus noble, à imiter saint Louis rendant la justice sous le chêne de Vincennes.

Quand le socialisme déclare qu'il n'a rien fait, c'est trop de modestie. D'où sont sortis ces décrets néfastes : le décret sur le million de la liste civile *qui appartient aux ouvriers*, le décret sur la réduction des heures du travail, sur l'abolition du marchandage ? d'où sont venues ces idées d'égalité des salaires, de minimum fixé par la loi, ces projets d'impôt progressif et de prise de possession par l'état de toutes les grandes entreprises ? C'est du Luxembourg qu'elles sont allées à l'Hôtel-de-Ville.

Or, la conséquence nécessaire de ces décrets et de ces desseins publiquement annoncés, c'était l'effroi des chefs d'industrie, la fermeture des ateliers, le travail suspendu. Que faire maintenant de ces flots d'ouvriers chaque jour grossissants, encombrant les mairies, inondant la voie publique ? L'idée ne devait-elle pas venir de les éloigner des chefs-lieux municipaux, de centraliser les travaux et les secours, idée malheureuse, mais inévitable, qui portait la guerre sociale dans ses flancs [8] ? Il fallait ne pas connaître la nature humaine pour s'imaginer qu'après avoir laissé se former ces masses d'ouvriers, longtemps bercés des plus riantes espérances, corrompus par la flatterie, stimulés par la faim, on les déciderait, à quatre mois d'une révolution faite par eux, à regagner paisiblement leurs demeures, à reprendre leurs anciennes habitudes, leur vie laborieuse et chétive. On ne peut en disconvenir, la dissolution pacifique des ateliers nationaux était un ouvrage au-dessus des forces de la sagesse humaine.

De là l'explosion violente de juin. Sans vouloir nier la puissance et les dérèglements de la liberté humaine, en faisant la part des fautes de ceux-ci, de la perversité de ceux-là, il me sera permis de dire qu'entre ces trois faits : le socialisme au pouvoir, la formation des ateliers nationaux, la sanglante crise de juin, il y a un rapport aussi intime qu'entre les trois termes d'un syllogisme, et cette dépendance étroite inscrit dans l'histoire contre les chimères et les impuissances du socialisme un irrécusable arrêt.

Nous connaissons les œuvres du socialisme, demandons-lui compte de ses idées. Des régions agitées et périlleuses du pouvoir, descendons sur le paisible terrain des théories. En cherchant avec tout le soin possible quelles sont les conceptions originales que le socialisme a répandues dans le monde, je n'en vois que trois qui méritent un examen sérieux : l'atelier social de M. Louis Blanc, le phalanstère de Fourier recueilli et quelque peu tempéré par M. Considérant, et la banque d'échange de M. Proudhon. Je nommerais bien ici la communauté icarienne de M.

Gabet, considérable au moins par le nombre de ses dupes, mais un scrupule m'arrête : je crains que les hommes dont je discute les idées ne s'offensent du voisinage d'un chef d'école qui n'a cessé d'être purement et simplement ridicule que du jour où il est devenu odieux. Au premier regard jeté sur les trois principaux systèmes socialistes, on est frappé d'un caractère qui leur est commun : ce sont des combinaisons purement économiques qui n'ont d'autre horizon que la vie matérielle des hommes, d'autre but que d'assurer à leurs besoins physiques une satisfaction plus complète. Voilà le socialisme bien déchu de sa haute ambition. Il annonçait une refonte complète de l'humanité, régénérée par la foi nouvelle dans toutes les conditions essentielles de son développement. Or, quel va être l'instrument de cette merveilleuse transformation ? Une banque, des ateliers. J'ai beau cherché, je ne trouve rien de plus. L'école de Fourier s'abstient sévèrement de métaphysique ; M. Louis Blanc n'a, je crois, rien de bien fécond à nous proposer en fait de religion à la place de l'Etre suprême décrété jadis par un de ses héros. Si vous exceptez le panthéisme confus de M. Pierre Leroux, lequel est aussi inférieur au panthéisme de Spinoza que l'*Icarie* de M. Cabet à la *République* de Platon, vous ne trouverez dans les écoles socialistes que des négations morales et religieuses.

Le phalanstère, l'atelier social, la banque d'échange, comme conceptions économiques, sont des systèmes aujourd'hui jugés. Je ne me propose pas d'instituer ici contre eux une polémique régulière. Outre que je ne suis point du métier, il est inutile de refaire ce qui a été supérieurement fait. Je voudrais seulement résumer la discussion et la ramener à quelques principes simples qui permissent d'apercevoir dans son fond le vice radical de tous les systèmes socialistes. Parmi les écrits consacrés à les réfuter, il est impossible de ne pas en signaler deux : les *Lettres sur l'organisation du travail*, de M. Michel Chevalier, et le livre de M. Thiers, *De la Propriété*. Si quelques esprits difficiles ont pu regretter dans la première partie de ce dernier ouvrage, consacrée à poser les principes, une analyse plus rigoureuse et plus profonde, tout le monde s'accordera à reconnaître dans la troisième partie, qui contient la réfutation du socialisme un chef-d'œuvre de dialectique. M. Thiers n'a aucun goût pour les nouveautés. Il est armé contre l'utopie d'une raison sévère, d'un bon sens inflexible. J'adresserai à M. Michel Chevalier un éloge tout différent. Ce qui donne à ses lettres un prix inestimable, ce n'est pas seulement le nerf et l'éclat du style, la grâce et *l'humour* de la discussion, c'est surtout l'heureux mélange de droite raison et de hardiesse. Ferme sur les principes éternels de la nature humaine, M. Chevalier a l'esprit ouvert à toutes les nouveautés fécondes. Je veux aussi le louer par un autre endroit, c'est d'avoir pu au lendemain d'une révolution qui bouleversait tant de choses, qui jetait tant d'esprits éminents dans le découragement et la stupeur ; ne pas désespérer de la cause du bon sens, et, à la place d'une chaire que brisait brutalement le socialisme, s'en faire une autre dans la presse pour combattre le mal avec une sérénité qui rendait sa verve plus incisive et son ironie plus perçante. Ce n'est pas là seulement le courage de la conduite assez rare déjà ; c'est quelque chose de plus exquis encore, le courage de l'esprit.

Le système de l'atelier social trônait encore au Luxembourg quand il essuya le feu de M. Michel Chevalier. Un autre économiste, bien connu par la netteté de ses vues et l'étendue de ses connaissances, M. Léon Faucher, ne montra guère moins d'empressement et de courage à se porter contre l'ennemi. M. Thiers, venu le dernier, a donné le coup de grâce.

J'ai lu avec toute l'attention dont je suis capable les réponses de M. Louis Blanc à ses adversaires. Supposons qu'il se soit avantageusement défendu sur certains points particuliers, soit en relevant quelques exagérations, soit en employant les ressources de sa brillante rhétorique et les artifices d'un esprit ingénieux à atténuer telle où telle difficulté de sa théorie. Ainsi admettons avec lui que la concurrence ait été moins favorable au bien-être des classes pauvres que ne l'assurent ses adversaires. Quand on lui objecte que son système, qui n'est sérieusement soutenable qu'à condition d'être universel, ne pourrait s'appliquer à nos vingt-quatre millions d'agriculteurs, et que, parmi les ouvriers des villes, un grand nombre exercent un genre d'industrie auquel l'atelier social ne saurait convenir, supposons que M. Louis Blanc se tire de cette difficulté ; supposons encore qu'il trouve des réponses parfaitement satisfaisantes à ces questions : où trouverez-vous un capital pour fonder vos ateliers ? Est-ce l'état qui le fournira, et alors comment donnerez-vous à l'état des ressources inépuisable ou bien sont-ce les ouvriers qui formeront le capital par un prélèvement sur leurs salaires, et comment alors les dédommagerez-vous en cas d'échec de l'entreprise ? Passons sur cette objection et sur mille autres de même nature.

Allons au principe du système. Ce que veut M. Louis Blanc, c'est la suppression de la concurrence. Elle est à ses yeux la cause de tous les maux de la société moderne. Soit, mais elle est aussi le grand ressort de la vie industrielle et commerciale ; ce ressort brisé, il le faut remplacer par un autre : M. Louis Blanc nous propose la vertu.

Je m'adresse à tout esprit qui a un peu médité sur la nature humaine, et je lui pose cette question : Pourquoi un laboureur, un ouvrier, pourquoi une créature humaine en général consacre-t-elle sa vie à travailler ? Si l'on considère le travail intellectuel, si l'on songe à l'artiste, au savant, à l'homme d'état, on pourra répondre que c'est par amour de la gloire, par plaisir, par crainte de l'oisiveté, et cette réponse sera vraie jusqu'à un certain point ; mais, s'il s'agit du travail matériel, il faudrait se fermer les yeux pour ne pas reconnaître que le travail est fils du besoin et que l'aiguillon du travail, après le besoin, c'est l'amour de la richesse et du bien-être.

Que fait M. Louis Blanc ? A la place de cette société où nous vivons et où le travail a pour ressort l'intérêt personnel, il en substitue une autre à laquelle il donne un nouveau ressort, et c'est la vertu.

Or, remarquez qu'il y a deux sortes de vertu : l'une qui consiste à s'abstenir de nuire, vertu qui n'est pas précisément commune, mais qui l'est pourtant assez, secondée qu'elle est d'ailleurs par les lois, la religion et les passions bienveillantes du cœur humain, pour que la société ne périsse pas. Il y a une autre vertu, rare, admirable, devant laquelle s'incline le genre humain, c'est le dévouement. Eh bien ! M. Louis Blanc fait de cette vertu exquise et sublime le ressort du travail, de sorte que son système devient très simple, à cette seule condition que tout homme soit un héros.

Et, en effet, dans l'atelier social les salaires sont égaux, ou, ce qui est plus merveilleux encore, ils sont proportionnés, non au travail, non au talent, mais aux besoins ; dès-lors, un seul mobile peut stimuler le travail, c'est l'honneur, c'est la religion du devoir, c'est l'amour de l'humanité. Il suffit de rappeler un tel système à son principe pour qu'il tombe au-dessous de la discussion ; jamais rêveur n'a bâti sur un fond plus chimérique. L'atelier social ne pourrait durer quelques instants sans une dictature absolue qui rendît le travail obligatoire et qui eût à son service une inquisition chargée de connaître et de déterminer les besoins de chacun.

L'école phalanstérienne ne méconnaît pas moins profondément la nature humaine. M. Louis Blanc fonde le travail sur la vertu ; Fourier et ses disciples lui donnent un stimulant tout aussi fantastique, c'est le plaisir. M. Louis Blanc est le stoïcien du socialisme ; M. Considérant et ses amis en sont les épicuriens.

Je suis prêt à reconnaître tout ce qu'il y a d'excellent dans l'école phalanstérienne : elle s'appuie sur l'association et s'efforce de conserver la liberté, elle reconnaît avec une fermeté louable les droits du capital et lui propose avec le talent et le travail une légitime alliance ; mais, encore ici, laissons sur le dernier plan le côté économique du problème. Je dis aux phalanstériens : Vous voulez refondre la société en reconstituant le travail. A la place du principe qui lui donne l'élan et la vie que substituez-vous ?

C'est ici qu'apparaissent la folie et le néant de l'école sociétaire : cette école a deux grandes illusions ; elle croit et elle professe que toutes les passions de l'homme sont légitimes ; elle croit et elle professe que ces passions peuvent et doivent trouver leur satisfaction sur la terre, et conséquemment que l'harmonie parfaite et le bonheur parfait sont possibles dans la vie présente. La théorie du travail attrayant est étroitement liée à ces deux principes. Supposez, en effet, que la destinée de l'homme soit tout entière en ce monde ; il semble assez raisonnable de penser qu'en s'y prenant bien, on pourra placer toute créature humaine dans une sphère d'activité où elle se déploie innocente, paisible et heureuse. Il suffit pour cela de trouver à chaque nature particulière ses conditions normales de développement ; les tendances de son activité feront le reste. Il y aura dès-lors entre ses désirs et ses actes un si juste accord, qu'elle jouira d'un bonheur sans mélange.

Les phalanstériens n'oublient qu'une chose : c'est le libre arbitre. Oui, sans doute, toutes les inclinations naturelles que Dieu a déposées au cœur de l'homme sont bonnes et ont une destination excellente. Oui, l'âme humaine sort innocente des mains du Créateur. Oui, ce que toute créature rêve, l'idéal où elle aspire, c'est l'harmonie parfaite et la pleine satisfaction de tous ses désirs ; mais il n'est point entré dans les desseins de la Providence de réaliser cet idéal ici-bas : elle nous a créés libres et imparfaits ; elle a voulu que notre vie fût une lutte entre des penchants qui nous sollicitent en mille sens divers ; elle a voulu que le travail fût pénible et la vertu difficile pour donner au travail son mérite et à la vertu sa dignité. S'imaginer qu'il y a une forme de société possible où le travail sera attrayant, où la vertu sera aisée, où l'homme sera parfaitement heureux, c'est méconnaître la nature humaine, c'est la défigurer et l'abaisser tout à la fois ; ce n'est pas faire de la science, c'est rêver.

On s'est scandalisé et égayé de la liberté amoureuse de Fourier : il suivait la pente de son système ; il voyait toute la destinée de l'homme dans la vie présente. De là cette complaisance pour nos passions, qui conduit à substituer à l'idéal austère de la vie conjugale les songes déréglés d'une imagination libertine. M. Louis Blanc transforme la société en monastère ; les phalanstériens en ont fait quelquefois un lieu de débauche.

Dans la pratique, comment concilieraient-ils cette liberté du travail, qu'ils prétendent conserver, avec le besoin d'une production riche et féconde ? Ici comme dans le système de M. Louis Blanc, pour maintenir l'association, il faudrait la main de fer du despotisme et l'insupportable tyrannie de l'inquisition. En dernière analyse, on arrive également par ces deux chemins à l'absorption complète de l'individu dans l'état, et, comme on l'a fort bien dit, à une sorte de panthéisme social où les individus ne sont d'aucun prix et se perdent au sein d'une confuse unité.

M. Proudhon s'est placé à l'extrémité opposée. Je ne suis pas surpris qu'il combatte si rudement les socialistes et leur dise de si bonnes vérités. Ceux-ci, en effet, partent du principe de l'association et l'exagèrent jusqu'à l'absurde. M. Proudhon s'appuie sur le principe contraire, le droit de l'individu. En ce sens, M. Proudhon est un libéral.

Si j'entends bien M. Proudhon, et c'est chose tellement difficile, que je n'ose pas m'en vanter ; si on peut attribuer un système fixe et précis à un esprit qui semble se complaire dans sa mobilité, qui n'a cherché dans la dialectique hégélienne, qu'un moyen ingénieux de sauter agilement d'une idée à l'idée contraire, de se contredire impunément et de faire perdre à chaque instant sa trace, je crois que le fond de sa théorie, c'est d'établir entre le travail et le capital un lien tellement étroit, que telle quantité précise de travail fournisse immédiatement telle quantité correspondante de capital. M. Proudhon a donc cherché à donner au capital une telle souplesse, qu'il puisse se plier à la mobilité infinie du travail, à ses caprices, à ses intermittences, à toutes ses vicissitudes. Voilà le secret de sa banque d'échange. Je n'ai point qualité pour la discuter. Si cette combinaison économique n'est autre chose que ce qu'elle parait à des esprits dont la sagacité ni la bonne foi ne sauraient être sérieusement contestées, s'il n'y a pas là-dessous quelque profondeur financière que M. Proudhon nous dévoilera quelque jour, comme il nous a récemment promis une théodicée plus parfaite que celle du christianisme et de Leibnitz, s'il faut enfin s'en fier aux apparences, la banque d'échange est une invention puérile ou une mystification. Vous voulez la gratuité absolue du crédit, et vous imaginez un papier qui ne coûtera absolument rien ; mais, ou votre papier sera donné sans garanties, et alors il sera sans valeur, ou il se donnera sur garanties, et vous retombez dans des combinaisons connues.

Mais ce n'est pas sous ce point de vue que je veux considérer le système de M. Proudhon. Lui aussi, si je ne me trompe, se fait une nature humaine à son usage. Il se garde bien de caresser les chimères naïves de l'atelier social. C'est un esprit positif ; mais on peut être à la fois brutal et chimérique. J'en demande bien pardon à M. Proudhon, mais, tout spirituel qu'il soit, le caractère de ses doctrines, c'est la brutalité. Pour lui, il n'y a qu'une seule espèce de travail, le travail des bras. On sait comment cet écrivain traite les hommes d'intelligence, les artistes, les poètes, les savants ; mais ne parlons que de ces travailleurs dont on veut faire aujourd'hui une aristocratie, et admirons la noble idée qu'on se forme de leurs besoins et de leur destinée. M. Proudhon paraît croire qu'une créature humaine a rempli toutes les conditions de sa nature, quand elle a assouvi ses besoins personnels. Il ne voit pas que l'homme est dévoré de la soif d'aimer, du besoin de s'unir à ce qui l'environne ; cet être faible et sublime est ainsi fait qu'il ne peut concentrer sa destinée dans l'instant qui s'écoule ; il veut vivre par le souvenir et par l'espérance ; sa carrière terrestre ne lui suffit pas : il la prolonge en assurant l'avenir de ses enfants ; il la répand en quelque sorte sur ses semblables par d'utiles inventions ; il l'immortalise par la gloire ; enfin, il aspire à Dieu pour fixer à quelque chose d'éternel sa fragile existence. Ces liens qui rattachent l'homme à ce qui l'entoure, à la terre, à ses semblables, au passé et à l'avenir, cela s'appelle la propriété, la famille, la religion, la patrie. M. Proudhon ne connaît rien de cela. L'individu est tout pour lui. Il dissout l'humanité en atomes isolés, comme les autres socialistes la détruisent en condensant toutes les existences réelles dans l'existence fictive de l'état.

Tel est donc le trait commun de toutes ces écoles qui veulent refaire la société ; elles ne connaissent pas la nature humaine. Les uns s'en font une idée si sublime, qu'ils lui proposent l'héroïsme, comme sa vertu de tous les jours ; les autres la rabaissent si fort, qu'ils se persuadent qu'elle peut trouver sur la terre la satisfaction de ses immenses désirs ; un autre enfin, l'outrageant plus gravement encore, s'imagine lui avoir assuré toutes les conditions d'une vie parfaite et heureuse, en plaçant une consommation certaine à la suite d'une production accomplie. L'homme de M. Louis Blanc est un stoïcien sublime qui, à chaque instant de sa vie, sans l'élan du champ de bataille, sans les espérances mystiques du cloître, accomplit les actes du plus pur dévouement et immole ses penchants, sa liberté, sa personnalité tout entière, à une abstraction qui s'appelle l'état. L'homme du phalanstère est un être merveilleux, composé d'une multitude de ressorts dont le jeu s'exécute avec un ensemble parfait, et qui assiste dans un état de sérénité angélique à l'accomplissement de tous ses désirs. L'homme de M. Proudhon est une machine à produire et à consommer, calculant ce qu'elle produit et ce qu'elle consomme, parfaitement heureuse si l'équation est exacte, enfermée dans son individualité comme dans un fort impénétrable, ayant rompu tout lien avec la terre et avec ses semblables, sans patrie, sans foyer et sans Dieu. Comment M. Proudhon, qui se sépare si profondément à beaucoup d'égards des autres socialistes, s'est-il trouvé d'accord avec eux pour soutenir le droit au travail ? On s'explique très bien que les systèmes dont la tendance plus ou moins avouée est d'immoler l'individu à l'état donnent au citoyen, en échange de sa liberté perdue, la certitude de vivre, comme la possédaient les esclaves dans l'antiquité et les serfs sous le régime féodal ; mais ce qui peut surprendre, c'est que

M. Proudhon, qui connaît le prix de la liberté et qui entend laisser à chaque individu le soin de sa destinée, vienne soutenir que, pour trouver les moyens de vivre, on a le droit de s'adresser à un autre qu'à soi-même.

Le secret de cette contradiction n'est pas difficile à deviner. M. Proudhon s'est servi du droit au travail comme d'une admirable machine guerre pour battre en brèche l'édifice social. Avec sa sagacité accoutumée, il a vu que le droit au travail avait pour conséquence nécessaire la négation de la propriété, et dès-lors il a cru faire un coup de maître en adoptant le droit au travail comme le mot de ralliement de toutes les écoles socialistes : « Révolution de 1848, s'écrie-t-il, comment te nommes-tu ? Je me nomme le droit au travail. »

Qui pourrait comprendre aujourd'hui, si l'histoire n'était pas là, que ce droit fantastique ait un moment pris place dans la constitution, et qu'une commission composée de tout ce qu'il y a d'esprits éminents et de têtes politiques dans une grande assemblée l'ait accepté des mains du socialisme ? Il faut dire, pour l'honneur de notre pays, que la question était nouvelle pour un grand nombre d'esprits. C'est au point que plusieurs confondaient le prétendu droit au travail avec ce droit sacré si éloquemment revendiqué par Turgot comme la propriété du pauvre, je veux dire le droit ou la liberté du travail. Certes, la différence est profonde, et il est inutile d'y insister ici après qu'une plume ingénieuse, esquissant dans ce recueil même l'histoire de l'idée du travail, a marqué d'un trait vif et sûr l'intervalle qui sépare le droit imaginé par le socialisme des deux grands principes sur lesquels la religion chrétienne et la révolution française ont à jamais établi le travail : l'une, qui, l'envisageant comme une épreuve imposée à l'homme, le prescrit à tous et le sanctifie ; l'autre, qui, brisant les corporations où il était comprimé sous mille entraves, lui a donné une dignité nouvelle et une fécondité infinie [9]. Mais en vain quelques esprits d'élite avertissaient l'opinion : le droit au travail n'en faisait pas moins son chemin, grâce aux prédications socialistes, et aussi grâce à cette philanthropie sottement et aveuglément sentimentale qui est une des maladies de notre temps. Ce qui a rompu le charme, il faut bien le dire, ce ne sont pas les arguments des publicistes et des philosophes, c'est quelque chose de plus fort et de plus brutal, je veux dire l'insurrection de juin. Sans cette effroyable leçon, je ne doute pas qu'à la honte éternelle de notre pays, le droit au travail n'eût été inscrit dans la constitution, à côté, c'est-à-dire aux lieu et place du droit de propriété. La preuve c'est qu'après les journées sanglantes de juin, après même le solennel débat qui s'engagea entre la propriété et le socialisme, dans la personne de M. Thiers et de M. Proudhon, le droit au travail a failli triompher. Et cependant qu'on relise les discours de M. de Tocqueville, de M. Duverger de Hauranne, et l'on verra qu'il n'y a pas un seul des arguments du socialisme qui n'ait été réduit en poussière. L'orateur qui nous parait avoir jeté sur tout ce débat la plus éclatante lumière en élevant la question à toute sa hauteur et la concentrant sur un principe, c'est M. Dufaure. Nul ne pouvait mieux réussir que cet esprit lumineux à établir que tout le prestige du droit au travail tient à la fausse interversion des deux idées sur lesquelles repose la morale sociale, l'idée du droit et celle du devoir.

Oui, c'est un devoir pour l'état de veiller avec sollicitude sur tous les citoyens, de faire servir les lumières, les ressources, la puissance des plus forts à la protection et au soulagement des plus faibles. Voilà le devoir de l'état, de l'état envisagé dans toute la grandeur et l'étendue des obligations que l'esprit du vrai christianisme et de la vraie démocratie lui impose. Mais dire à chaque individu qui souffre : Vous avez un droit absolu au secours de l'état, un droit aussi rigoureux et aussi précis que celui de faire respecter votre vie ou votre liberté ; dire cela, c'est donner à l'individu une action contre l'état ; c'est l'armer contre la société, c'est encourager la paresse et décourager la prévoyance, c'est préparer l'insurrection.

Il y a ici deux extrémités entre lesquelles la sagesse politique doit se tenir. Niez-vous d'une manière absolue le devoir de l'état ? vous réduisez le gouvernement à une fonction toute négative, vous le déclarez indifférent au progrès matériel et moral de la société, vous portez atteinte à la société elle-même, qui n'est plus qu'une agglomération d'individus sans lien, qu'une association entre les corps plutôt qu'entre les âmes et les destinées. On dira, je le sais, que l'état laisse à la religion, aux sentiments bienveillants du cœur humain, en un mot à la charité individuelle, le soin d'alléger la souffrance et de protéger la faiblesse ; mais, si la charité est un devoir pour les individus, elle l'est aussi par la même raison pour cette personne générale qu'on nomme l'état.

Allez-vous à l'autre extrémité, et prétendez-vous, par cela seul que la charité est un devoir de l'état, qu'elle confère des droits absolus aux citoyens ? Je réponds que la charité est un devoir essentiellement différent de la justice. La justice m'ordonne de ne pas vous nuire, et par cela même elle vous confère le droit absolu d'être respecté ; mais la charité, en m'obligeant à vous secourir dans l'infortune, ne vous confère pas le droit d'exiger de moi des secours. Si quelque chose est clair au monde, c'est cela. Or, ce qui est vrai de la charité individuelle est vrai aussi de la charité sociale ; la charité est sans doute quelque chose de plus qu'un sentiment sublime, elle est un devoir sacré ; mais elle est quelque chose de moins qu'une obligation stricte : elle ne confère pas de droit corrélatif. Voulez-vous que le droit au travail soit absolu ? Je sous demande devant qui vous le revendiquerez, devant l'état où devant les particuliers ? Dans les deux cas, j'ai, d'après vous, moi ouvrier inoccupé, le droit de réclamer impérieusement, et au besoin par la force, du travail, c'est-à-dire un salaire. Le droit au travail est donc le droit au salaire ou le droit au capital ; et, si j'ai droit à votre capital, votre capital n'est plus à vous : la propriété est une illusion. Si vous me renvoyez au capital de l'état, comme au fond l'état n'est pas distinct de l'ensemble des particuliers, j'ai droit alors au capital de mes concitoyens, et de cette manière encore il n'y a plus de propriété.

Il est donc désormais acquis au bon sens public qu'inscrire le droit au travail dans la constitution, c'était prendre pour un droit strict et absolu de l'individu envers la société ce qui n'est qu'une obligation large de la société envers l'individu, obligation dont personne ne peut fixer les limites ; c'était porter la main sur la société et la propriété par la confusion de la charité et de la justice, par l'interversion vicieuse du devoir et du droit.

Faut-il être obligé de revenir encore aujourd'hui sur des principes aussi simples ? Voici plus d'un quart de siècle qu'ils ont été établis avec la dernière rigueur et hautement proclamés par la nouvelle philosophie française. Lorsque, après les terribles journées de juin, l'Académie des sciences morales et politiques, répondant au noble appel du chef de l'état, se donna la tâche honorable de contribuer à la pacification des esprits en rappelant sous des formes populaires les principes fondamentaux de l'ordre social, l'illustre chef de l'école spiritualiste, M. Cousin, n'eut besoin, pour payer le premier son tribut, que de se souvenir de lui-même. Depuis longues années, lui et ses amis consacrent tout ce qu'ils peuvent avoir de force et d'influence à établir sur l'observation de la nature humaine les droits et avant tout les devoirs de l'individu, les conditions et les obligations de la société. Et quand un homme d'état éminent a courageusement saisi sa plume d'écrivain pour défendre la propriété, quand il en a si lumineusement exposé l'origine et les droits, la faisant sortir du moi humain, comme une application naturelle et universelle de nos facultés, comme un prolongement légitime de notre personnalité, comme une création et une conquête sacrée du travail, qu'a-t-il fait autre chose que traduire dans un style admirablement simple et persuasif ce que la psychologie française établit et proclame depuis trente ans ? Grace à tant de travaux, aux efforts combinés de la science, de la presse, de la tribune, nous croyons avoir le droit de considérer comme définitifs les deux résultats suivants : la propriété ne peut plus avoir de contradicteur sérieux ; le droit au travail est une pure illusion : il ira rejoindre dans le pays des chimères l'atelier social de M. Louis Blanc, le phalanstère de Fourier et la banque d'échange de M. Proudhon.

Section III

Nous avons suivi le socialisme dans les deux épreuves qu'il a traversées, celle des faits et celle des théories. Au pouvoir, il s'est montré impuissant et malfaisant tout ensemble, incapable d'organiser le travail et habile seulement à le bouleverser, armant l'une contre l'autre les classes de la société, après avoir promis de les unir. Dans la sphère des idées et des théories, le socialisme n'a su qu'altérer, en les exagérant, les principes vrais qui faisaient sa force ; ce qu'il a produit de son propre fonds se réduit à deux choses : des utopies absurdes où se trahit la plus profonde ignorance de la nature humaine, et qui, aux ressorts réels de notre activité, substituent des ressorts imaginaires, des mobiles sans force véritable ou sans dignité ; puis des négations monstrueuses qui ont alarmé tous les intérêts, enflammé toutes les cupidités, excité enfin un cri de réprobation, auquel la meilleure partie des classes ouvrières est venue se rallier.

Est-ce à dire que le socialisme soit définitivement vaincu, qu'il n'ait plus désormais de racine dans les esprits, et qu'aucun danger ne menace l'avenir ? Une telle sécurité serait, à nos yeux, la plus complète et la plus périlleuse des illusions. Chassé des hautes positions qu'il avait conquises, le socialisme a repris avec un redoublement de ferveur et d'espérance son ancien rôle de souterraine propagation. Chaque jour, il s'insinue parmi les classes populaires, et, si l'on n'y prend garde, cette lave intérieure qui fermente et bouillonne dans les profondeurs de la société trouvera bientôt quelque issue et replongera le pays dans une crise plus effroyable encore que celle qui vient de finir.

Ici je me trouve en face de deux opinions fort accréditées, et qui s'appuient l'une et l'autre sur l'autorité d'esprits éminents. Les uns pensent que le problème soulevé par le socialisme et la révolution de février n'a pas de solution. Je ne sais même s'ils admettent qu'il y ait là un problème. La révolution de février n'est, à leurs yeux, qu'un pur accident, et si les doctrines socialistes ont pu créer un danger sérieux à notre pays, c'est qu'il avait perdu, par suite d'une méprise inouïe, son pilote et son gouvernail. Aujourd'hui il les a retrouvés ; qu'il les défende mieux : voilà tout.

D'autres sondent d'une vue plus claire la profondeur du mal, mais ils se trompent sur les causes et sur les remèdes. A les en croire, le socialisme a sa racine dans l'esprit révolutionnaire, qui n'est lui-même qu'un développement de l'esprit philosophique et antireligieux. Le jour où la raison individuelle s'est déchaînée dans le monde, le triomphe du mal a commencé. Après avoir miné sourdement ou attaqué en face, pendant trois siècles, toutes les croyances religieuses, elle est montée à l'assaut des institutions ; après avoir renversé la monarchie absolue et les vieilles aristocraties, elle ne connaît plus de frein, et s'acharne aujourd'hui sur les seules institutions qui restent debout, la famille et la propriété.

L'esprit philosophique et révolutionnaire, voilà l'ennemi. Il faut donc ranimer les vieilles croyances, seules capables de nous rendre le respect de l'autorité, le sentiment de la discipline et de la hiérarchie, de contenir les ambitions effrénées et les cupidités insatiables ; en un sot, la religion catholique est aujourd'hui l'unique rempart qu'on puisse opposer au socialisme, nom nouveau d'un vieil ennemi, savoir, l'esprit démocratique, philosophique ou révolutionnaire, comme on voudra.

Les deux opinions que je viens d'indiquer, parfaitement d'accord dans une aversion commune pour toute réforme sociale, sont cependant d'une origine fort différente. L'école des optimistes, qui croit la société actuelle sans défaut, accepte franchement la révolution ; l'école néocatholique s'y résigne sincèrement peut-être, mais à coup sûr elle ne l'aime pas et ne peut pas l'aimer. Qu'elle continue aujourd'hui sa croisade contre la philosophie, cela n'a rien de surprenant ; mais, ce qui a causé un étonnement fort naturel, ce que, pour notre part, nous refusons de croire, c'est que des hommes qui ont associé leur carrière et leur gloire à la cause de la révolution se soient enflammés d'un zèle subit pour la tradition catholique, et ne veuillent reconnaître d'autre sauvegarde à notre société, fondée par l'esprit nouveau, que la foi de saint Anselme et de Bossuet. Le socialisme aurait fait là un prodige. Lui qui promettait tant de choses impossibles en aurait réalisé au moins une : c'est d'allier contre la philosophie les pieux fils des croisés avec les enfants de Calvin et de Voltaire.

Nous ne saurions protester avec assez de force contre ces deux tendances funestes des esprits : l'une, qui endort la société dans un optimisme trompeur, dans une immobilité pleine de périls ; l'autre, qui prétend rejeter la société en arrière et faire capituler la révolution et l'esprit humain.

Je m'adresserai d'abord aux optimistes, et je leur dirai : Vous pensez que la révolution française a opéré toutes les grandes réformes dont la vieille société sentait le besoin. La société nouvelle, fondée sur la base de la vraie liberté et de la vraie égalité, vous paraît une œuvre admirable. Je l'admire et l'aime autant que vous ; mais est-elle parfaite ? Tant s'en faut. Est-il possible de contester, par exemple, que le développement puissant du commerce et de l'industrie, né a la suite des libertés nouvelles, n'ait entraîné, à côté de mille précieux avantages des maux et des abus que les pères de la révolution ne pouvaient pas soupçonner Qui niera aujourd'hui que la liberté absolue du travail n'ait besoin de quelques limites, que l'isolement des individus ne doive trouver dans l'association un utile et nécessaire contre-poids ? Ce principe d'association est encore bien nouveau dans le monde, et déjà il a porté les meilleurs fruits ; croyez-vous qu'il ait épuisé sa fécondité ? L'état n'a-t-il rien à faire pour en faciliter l'application ? N'est-ce pas à lui qu'il appartient de régler et de seconder tout ensemble cet irrésistible mouvement qui porte toutes les classes de la société à désirer des lumières, des jouissances, des droits ? Il ne m'appartient pas d'indiquer ici telle où telle réforme. C'est aux hommes spéciaux à les découvrir, c'est aux hommes d'état à choisir parmi les idées nouvelles celles qui sont mûres pour l'application ; mais je crois pouvoir soutenir sans témérité trois choses : qu'il y a certaines institutions à réformer, d'autres à développer, d'autres, enfin, dont la société réclame la création.

Niez-vous qu'il y ait des institutions à réformer ? Je vous opposerai l'autorité de cet esprit si pratique et si réservé, dont le nom réveille en ce moment un lugubre souvenir, M. Rossi. Suivant lui, tout notre droit civil doit être remanié pour être mis en harmonie avec les nouveaux besoins économiques de notre société. Niez-vous qu'il y ait des institutions à développer ? Je pourrais vous citer mille institutions partielles : caisses d'épargne, caisses de secours mutuels, crèches, salles d'asile, écoles d'adultes, conseils de prud'hommes, syndicats ; je n'insisterai que sur un seul point, et je demanderai si l'instruction publique ne réclame pas, de l'aveu de tout le monde, une extension nécessaire et d'utiles modifications. N'avons-nous pas l'instruction primaire à élargir l'instruction secondaire à refondre, l'enseignement professionnel a constituer ? Soutiendrez-vous enfin qu'on ne puisse créer aucune institution nouvelle, ni grande, ni petite ? Sans chercher s'il n'y aurait pas mille institutions partielles à emprunter aux pays voisins, sans discuter en détail ni les banques de prêt sur simple garantie morale de l'Ecosse et de l'Amérique, ni l'avocat des pauvres de la Sardaigne, ni les médecins cantonaux de la Lombardie, ni les caisses de retraite pour les ouvriers, je m'attache à un principe général, et je soutiens que l'association des travailleurs, soit entre eux, soit avec les chefs d'industrie, est un germe heureux qui ne demande qu'à mûrir. Je ne prétends pas indiquer de préférence la participation des ouvriers aux bénéfices, et j'entends formellement que toute convention de ce genre doit rester volontaire, mais j'ai foi dans l'esprit d'association, dans la diversité infinie et dans la souplesse admirable de ses formes.

Que l'initiative prudente de l'état, que l'influence des idées et des mœurs, lui viennent en aide, il enfantera des prodiges. Et quand il sera visible, non par des mots sonores et de vaines promesses, mais par des gages sérieux, que l'objet fondamental du gouvernement comme de toute la société, c'est l'amélioration physique et morale des classes populaires, elles aimeront cette société, et la voix des sophistes et des agitateurs perdra beaucoup de son influence. La révolution française, en centuplant et au-delà le nombre de propriétaires du sol, a créé d'avance au socialisme des millions de robustes adversaires. Suivons cette impulsion généreuse. Rendons le capital, et j'entends le capital intellectuel comme le capital matériel, rendons le capital de plus en plus accessible aux classes industrielles, comme la révolution a fait la propriété de plus en plus ouverte aux classes agricoles, et la guerre à la propriété et au capital finira.

Je me tourne maintenant vers ceux qui se persuadent que le socialisme est un développement nécessaire et légitime de l'esprit philosophique et révolutionnaire, et qui ne veulent lui opposer d'autre digue que le catholicisme : Avant de les combattre, je commencerai par une déclaration qui n'est pas une précaution oratoire ou une combinaison stratégique, mais l'expression loyale d'une conviction que les vicissitudes de la polémique et la tyrannie de l'esprit de parti ne front pas fléchir. Mon opinion, déjà vieille et mûrie par l'expérience, est que le christianisme, qui a tant fait pour fonder et améliorer la société moderne, est appelé aujourd'hui, autant et plus que jamais, à la consolider et à la défendre.

Ce n'est donc pas moi qui contesterai que le christianisme ne soit pour le monde moderne une force bienfaisante et nécessaire ; mais la question est de savoir s'il y a contradiction entre l'esprit du christianisme et l'esprit de la révolution. Cette contradiction existerait, si la révolution et la philosophie étaient le principe du socialisme contemporain ; mais, en vérité, c'est faire beaucoup d'honneur au socialisme que d'identifier sa cause à celle de la philosophie et de la révolution. Cela est-il bien sérieux ? Si nous consultons l'histoire, elle nous dira que le socialisme est sorti tout aussi bien de la religion chrétienne que de telle ou telle philosophie. Le socialisme revêt mille formes : tantôt il se présente comme une école d'économie politique, tantôt comme une secte religieuse ;

autrefois, du temps des gnostiques ou du temps des anabaptistes, il invoquait l'Evangile ; aujourd'hui il essaie de s'appuyer sur la tradition philosophique et révolutionnaire.

On conçoit de sa part cette prétention ; mais qu'elle se rencontre dans la bouche de ses adversaires, c'est un étrange aveuglement. Quels principes défendons-nous contre le socialisme ? Deux surtout, la liberté, la propriété. Or, qui a établi ces deux principes dans le monde, sinon la révolution française. Qui a combattu tous les despotismes, despotisme civil politique, religieux ? C'est la philosophie. Qui a attaqué le régime des corporations ? Ce sont les économistes philosophes du XVIIIe siècle, Quesnay, Turgot, Mercier de la Rivière, Dupont de Nemours ? Qui a proclamé les droits du travail ? qui a assigné à la propriété sa véritable base, dans le développement de la libre personnalité marquant la matière de son empreinte ? A un régime où la propriété était mal assise, assujettie à mille entraves, entourée de mille barrières, viciée par mille privilèges, concentrée dans un petit nombre de mains, immobilisée dans des ordres, à un pareil régime qui a substitué celui où nous vivons, à régime de la propriété affranchie, fille du travail, aisément accessible à un grand nombre ? qui a fait tout cela, sinon les économistes et les philosophes, lesquels ont préludé par une rénovation dans les idées à celle qui allait s'accomplir dans les lois ? Et dans ces derniers temps, quand le socialisme, sortant des profondeurs obscures où il s'agitait, a paru au grand jour et a étalé l'audace de ses théories, qui a combattu l'ennemi ? qui dans la presse, à la tribune, a opposé l'antidote au poison ? qui a rappelé les principes éternels sur lesquels repose la société, rétabli le travail, la propriété, la famille, les devoirs de l'état, les droits de l'individu sur leurs bases éternelles ? Ce sont des économistes, des philosophes, des hommes politiques, tous enfants et amis de la révolution française.

On dira sans doute que l'économie politique, la philosophie et la révolution, l'une en soulevant le problème de la richesse, la seconde en appelant toutes les intelligences à la lumière et à la liberté, la troisième enfin, en rompant les barrières qui fermaient l'accès de la propriété et de l'industrie, ont concouru à éveiller dans les classes inférieures une ambition aveugle et démesurée ? J'en conviens ; mais à côté du mal, il faut savoir reconnaître le bien.

N'est-ce pas un des spectacles les plus admirables de notre temps que cette ascension universelle des classes vers une existence plus douce et plus libre ? Après tout, la misère est aussi une servitude ; la richesse est l'affranchissement de l'esprit, et ni le christianisme ni la plus pure philosophie ne condamnent les trois quarts du genre humain à l'éternel esclavage de la faim [10].

Je sais que cette fièvre de jouissances matérielles est un des maux de notre société. On s'en fait une arme contre la philosophie. Qui enseignera, dit-on, aux pauvres la résignation, aux faibles l'humilité ? qui fera comprendre à notre société affamée de bonheur qu'il y a dans ce monde une part de mal qu'aucune puissance humaine ne saurait guérir ? qui présentera la vie terrestre comme une épreuve pénible à laquelle nous soumet la Providence ? qui montrera au méchant pour le contenir, au malheureux pour le consoler, à tous pour les affermir dans le devoir, l'horizon d'une destinée immortelle ?

Je reconnais que ces saintes croyances sont nécessaires à toute société et qu'elles paraissent aujourd'hui plus indispensables que jamais. Je reconnais qu'elles constituent l'essence de la religion chrétienne ; car la religion chrétienne n'est pas pour moi dans tel ou tel symbole, dans telle ou telle forme périssable, mais dans un petit nombre de vérités immortelles qu'elle enseigne à chaque instant du jour à toutes les intelligences. Ces vérités sont en germe dans l'Evangile ; elles sont partout répandues dans les grands dogmes où le christianisme primitif vint plus tard s'organiser. Mais pourquoi ces vérités sont-elles dans le christianisme ? pourquoi le christianisme a-t-il des droits au respect de tout philosophe, à la reconnaissance de tout ami de l'humanité, à la sollicitude de tout homme d'état ? C'est que ses sublimes enseignements sont le fond même de la conscience du genre humain. Il y a dans notre nature, à côté de ses besoins matériels, une source vive et permanente de spiritualisme. Pendant que les nécessités de la vie courbent l'homme vers la terre, une force cachée relève cette noble créature, lui découvre au-dessus du fait la loi, au-dessus de la violence la justice ; la beauté de ce monde éveille en son âme le soupçon d'une beauté plus haute qu'elle contemple avec ravissement et dont elle essaie de reproduire quelque image. Le fini, dans ses merveilles, lui révèle l'infini. Du sein de ce monde imparfait, elle s'élance vers Dieu et adore en lui la source et l'asile de son existence. Cette aspiration intime, permanente, universelle vers l'idéal, vers le droit, vers la justice, en un mot, vers Dieu, c'est ce que j'appelle le spiritualisme naturel du genre humain.

L'histoire nous montre les progrès laborieux, mais irrésistibles, de ce spiritualisme. Il se développe sous trois formes : les arts, les religions, les philosophies. Toute grande idée qui se produit, toute nouvelle religion qui se forme est un effort du genre humain pour s'affranchir des liens de la matière. Si le christianisme est la plus parfaite des religions, c'est qu'elle exprime plus fidèlement que toutes les autres le spiritualisme naturel de l'humanité. Se confier au christianisme, c'est, qu'on le sache ou qu'on l'ignore, se confier à notre nature. Il serait étrange que le spiritualisme, qui n'est autre chose que la loi générale de l'humanité, fût une puissance bienfaisante, alors qu'il se manifeste sous la forme d'une croyance religieuse, et qu'aussitôt qu'il s'analyse, se réfléchit, se constitue sous cette forme particulière qu'on appelle philosophie, il devînt une puissance dangereuse et antisociale. Quand on oppose l'esprit chrétien à l'esprit philosophique et révolutionnaire, on oppose le spiritualisme à lui-même, et on neutralise l'une par l'autre les deux forces qui le constituent. Oui, certes, la philosophie, si elle veut s'attaquer aux formes du christianisme et non à son fond essentiel, peut le combattre avec avantage. Le christianisme à son tour, en signalant les dérèglements de l'esprit philosophique, peut le discréditer et lui nuire ; mais il y a quelque chose de mieux que d'armer l'une contre l'autre deux puissances essentiellement bienfaisantes, c'est de les unir pour le salut de la société.

Il faut le dire aujourd'hui plus haut que jamais : quiconque déserte la cause de la philosophie et de la révolution fait les affaires du socialisme. Pour rendre cet ennemi impuissant, il faut lui ôter le prestige des grandes idées et des nobles sentiments qu'il emprunte à la tradition philosophique et révolutionnaire. Réduit à lui-même, à la brutalité sauvage de ses négations, à la fragilité de ses folles utopies, au mensonge éprouvé de ses promesses, il se dissipera par degrés comme les vains fantômes que chasse la clarté du jour ; mais si l'on s'obstine à ne voir dans l'ardente aspiration des classes populaires vers la richesse, la lumière, la science, le bonheur, que les basses convoitises de la chair ; si, pour les combattre, on compte exclusivement sur le mysticisme d'un autre temps, on donne alors au socialisme une force déplorable, la seule, il est vrai, qu'il puisse avoir, celle d'agiter sans relâche et de bouleverser périodiquement l'état. La philosophie, la révolution, le christianisme, doivent se réconcilier aujourd'hui dans une œuvre commune : l'affranchissement progressif de tous les membres de la famille humaine par l'extension des lumières, par le soulagement de toutes les souffrances, par la fusion fraternelle des classes, en un mot par l'esprit d'association et de charité.

Notes

1.   M. de Sismondi, Nouveaux éléments d'économie politique, t. II, p. 331 et 364 ; VIII, 347. M. de Tocqueville, De la Démocratie en Amérique, t. III, p. 323. M. Rossi, Observations sur le droit civil dans ses rapports avec l'état économique de la société, M. Michel Chevalier, Lettres sur l'Organisation du travail, p. 269, 318.

2.   M. Villermé, Tableau de l'état physique et moral des ouvriers. M. Eugène Buret, De la Misère des classes laborieuses. M. Léon Faucher, Etudes sur l'Angleterre ; — du Système de M. Louis Blanc. M. Gustave de Beaumont, l'Irlande t. II, p.114.

3.   Décret du 17 juin 1791 : « Art. 1er. L'anéantissement de toutes les espèces de corporations de citoyens du même état ou profession étant une des bases fondamentales de la constitution française, il est défendu de les rétablir de fait, sous quelque prétexte que ce soit. — Art. 2. Les citoyens d'un même état ou profession, les entrepreneurs, ceux qui ont boutique ouverte, les ouvriers ou compagnons d'un art quelconque, ne pourront lorsqu'ils se trouveront ensemble, se nommer ni président, ni secrétaire, ni syndic, ni tenir des registres, prendre des arrêtés ou délibérations, former des règlements sur leurs prétendus intérêts communs. » Voyez Michel Chevalier, Lettres sur l'organisation du travail, p. 266.

4.   On consultera avec fruit sur ce point deux excellents écrits : Les origines du socialisme, de M. Ozanam ; Le Communisme jugé par l'histoire, de M. Franck.

5.   Platon, Lois, livre V.

Émile Saisset

6.   Saint Luc, XIV, 33.

7.   Actes des Apôtres, II, 44, 45, 46.

8.   Voyez l'Histoire des Ateliers nationaux, par M. Émile Thomas.

9.   Voyez l'article de M. Saint-Marc Girardin sur l'Histoire du travail. Revue du 15 août 1848.

10.   Sur cette parole de l'Évangile : Il y aura toujours des pauvres parmi vous, voyez le commentaire d'un ecclésiastique plein de lumières, M. l'abbé Gratry. Le petit livre intitulé Demandes et Réponses sur les devoirs sociaux est peut-être ce que le clergé contemporain a produit de plus chrétiennement philosophique et libéral.

ISBN : 978-1977834669